Un Noël en musique

Les lettres du mot « **MUSIQUE** » sont cachées dans l'image, les vois-tu ?

Quelques indices : regarde bien le toit, les fenêtres et la cheminée de la maison, le traîneau et les arbres.

Maintenant, voici des mots qui font « **p** ». On les lit ensemble ?

papi

épée

Pipo

pique-nique

sapin

pain

parapluie

puce

Et si on inventait une histoire rigolote avec des mots qui font « **p** » ?

Pipo part à Paris voir son papi.
Pipo emporte un parapluie et un peu
de pain pour son pique-nique.
Et pour se protéger des puces ?
Pipo prend son épée, pardi !

Super !

Allez, on se détend !

Fais de la musique avec moi.

Dzimm, boum, dzimm boum,
drelin drelin, ting !

Qui fait quoi à Noël ?

Le père Noël

dorment.

Les rennes

apporte
les cadeaux.

Les enfants

tirent le traîneau.

Bravo !

Quel bazar ! Ce sapin de Noël est bizarre, tu ne crois pas ?

Le sapère Noël

Pour découvrir le titre de l'histoire, remplace les *u* par des *e* et les *e* par des *u*.

EN NOÜL UN MESIQEU

Un peu de gym pour ta bouche !

Répète très vite :

Greli grelot greli grelot.
Greli grelot greli grelot.
Greli grelot greli grelot.

Quelle histoire !

 veut entendre les  des  sonne dans le vent. Mais pour cela,  doit être dans le  pendant la tournée du .

Et le  part toujours tout seul.

Oh ! là, là ! Que va faire Pipo ?

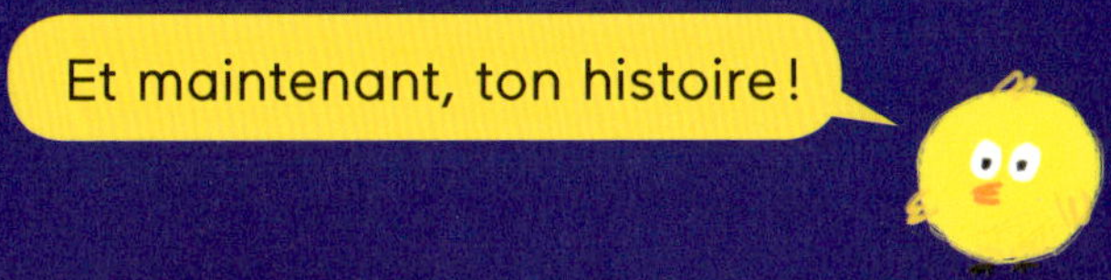

Un Noël en musique

Une histoire de Christine Palluy,
illustrée par Hervé Le Goff

C'est le soir de Noël. Pipo, le petit lutin musicien, veut partir en tournée. Il veut écouter la musique des **grelots** dans le vent.

Les vieux lutins se moquent de lui.

– Non, Pipo, le père Noël part toujours seul !

Pipo a envie de pleurer.

Les rennes ont bien mangé.
Le traîneau du père Noël est prêt.

Soudain, Pipo sourit
et dit :
– Bonne idée,
je vais me cacher !

Vite ! il saute dans le traîneau.
Il attend sans bouger derrière
un cadeau.

Bientôt, le père Noël arrive.
Il se sert un chocolat chaud
et s'envole au son des grelots.

Le vent souffle sa musique mais Pipo a froid. Il sort la tête et boit du chocolat. Après quoi, il se cache sous la cape du père Noël.

Le traîneau s'est posé sur un toit.
Pipo sort de sa cachette
et se glisse dans la cheminée.

C'est beau, c'est chaud,
une maison d'enfant.
Des souliers sont alignés
sous un sapin brillant.

– Pom ! Pom ! Pom !
Le père Noël arrive !
Vite, Pipo plonge sous la table.
Il a perdu ses chaussons.

Pipo ne voit rien
et n'ose pas bouger.

Dès qu'il n'y a plus
de bruit, Pipo relève
son bonnet et s'écrie :
– Oh, il y a un cadeau
sur mes chaussons !

Mais… le père Noël
est-il resté sur le toit ?
Pipo s'affole. Vite !
il grimpe par la cheminée.

Ouf ! Le père Noël boit
son chocolat chaud.
Sans bruit, Pipo monte
dans le traîneau.

Soudain, une
grosse voix dit :
– Pipo, viens à côté
de moi !

Pipo sursaute :
– Père Noël, vous
savez que je suis là ?

– Bien sûr,
depuis le début !

Rassuré, Pipo ouvre son paquet.
Il saute de joie.
– Oh, une flûte ! Merci, père Noël !
Je vais vous jouer un air de flûte
et de grelots. Ce sera mon cadeau.

Fin

Tu as aimé ?

Oui ?

Chouette alors !

Allez, maintenant, on se détend !

Tourne la page...

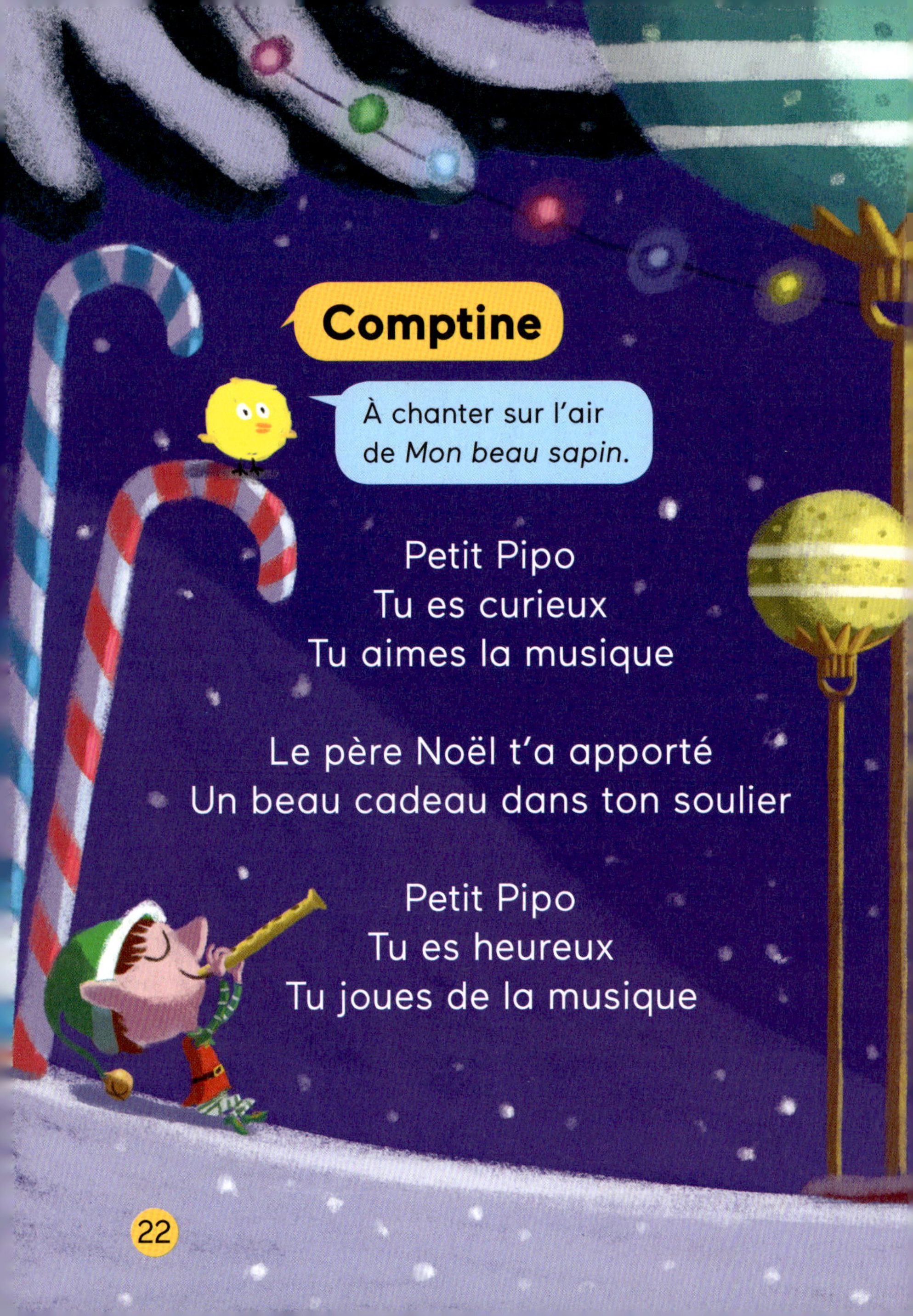

Comptine

À chanter sur l'air
de *Mon beau sapin.*

Petit Pipo
Tu es curieux
Tu aimes la musique

Le père Noël t'a apporté
Un beau cadeau dans ton soulier

Petit Pipo
Tu es heureux
Tu joues de la musique

Les jeux sont réalisés par l'éditeur et illustrés par Hervé Le Goff.

1, rond-point du Général-Eisenhower, 31101 Toulouse Cedex 9, France
editionsmilan.com

Loi 49.956 du 16.07.1949 sur les publications destinées à la jeunesse.
Dépôt légal : 4e trimestre 2018
ISBN : 978-2-4080-0750-8
Imprimé en Roumanie par Canale.